Aristóteles

Aristóteles

en tu camino

Aristóteles

Aristóteles

en tu camino

Selección de textos e introducción
José Ramón Ayllón

BIBLIOTHECA**HOMOLEGENS**

© Homo Legens, 2023
Calle Nicasio Gallego, 9
28010 Madrid
91 005 35 54
www.homolegens.com

Selección de textos e introducción: José Ramón Ayllón

ISBN: 978-84-19349-75-0
Depósito legal: M-6373-2024

Maquetación: Blanca de Rodrigo
Diseño de cubierta: Alejandro Cuevas

Impreso en España - Printed in Spain

José Ramón Ayllón

(Cantabria, 1955) estudió Filosofía y Letras en las universidades de Oviedo y Valladolid. Ha sido profesor de Ética y Antropología filosófica en la Universidad de Montevideo y en la Universidad de Navarra. Coordinador de *Nueva Revista*, es autor de *Querido Bruto*, una novela histórica protagonizada por Julio César y pensada para despertar en el aula el gusto por las humanidades y la cultura clásica. También ha publicado la novela juvenil *Vigo es Vivaldi* y varios ensayos, entre los que destacamos *Antropología paso a paso*, *En torno al hombre*, *10 claves de la educación*, *La buena vida*, *Las raíces de Europa*, *10 ateos cambian de autobús* y *Desfile de modelos*, que quedó finalista en el Premio de Ensayo Anagrama 1996. También ha escrito las biografías *Sophie Scholl contra Hitler* y *El hombre que fue Chesterton*. En Bibliotheca Homo Legens ha publicado los ensayos *El mundo de las ideologías, Ética actualizada* y *Qué leer cuanto antes*, así como *Esencia de mujer*, una cuidada selección de textos de G. K. Chesterton, y *Séneca en tu camino*, primer título de una colección de textos seleccionados de grandes pensadores.

Índice

Aristóteles en su contexto

Heredero intelectual de Platón, Aristóteles representa la plenitud de la filosofía griega. Escribió sobre física y metafísica, sobre ética y estética, sobre política y biología, sobre lógica, retórica y teoría literaria. La amplitud y profundidad de su obra hace que hoy siga siendo referencia obligada en las múltiples cuestiones que abordó.

Estamos ante el último gran filósofo griego, y algunos le consideran el primer científico europeo. Nació en Estagira (Macedonia) el 384 a.C. Con 17 años ingresó en la Academia platónica y permaneció en ella veinte más, hasta la muerte de Platón. Filipo de Macedonia le encargó, poco más tarde, la educación del joven príncipe Alejandro. En el año 335 regresa a Atenas y funda el Liceo, un centro de enseñanza superior, semejante a la Academia, donde se enseña y se aprende paseando y charlando: de ahí «peripatéticos».

Las páginas de este pequeño libro resumen la *Ética a Nicómaco*, extraordinario análisis aristotélico de la conducta humana, uno de los cuatro textos fundacionales de la civilización occidental, junto con la Biblia, la Odisea y el Derecho romano. Sin esos pilares, Europa y América no existirían, al menos tal como hoy las conocemos.

Desde nuestros orígenes como *sapiens*, la conducta humana se enfrenta a la doble posibilidad de ser, precisamente, humana o inhumana. Porque la libertad lleva consigo el riesgo de escoger tanto una conducta digna y lógica como otra indigna y patológica. Llamamos «ética» a la elección de la conducta digna, al esfuerzo por obrar bien, a la ciencia y al arte de conseguirlo.

Es muy posible que la ética sea la gran creación de la inteligencia humana, pues aporta las claves que nos salvan de la selva y nos permiten construir un mundo habitable, una sociedad asentada sobre la justicia, la libertad, el progreso y la paz. El primero en descubrir esas claves fue Homero. Ulises, protagonista de la *Odisea*, despliega ante nuestros asombrados ojos una lección tan breve como inestimable: los problemas de la vida son inevitables, pero se superan cuando hay virtud. Desde entonces, el secreto de toda la civilización occidental será el secreto de Ulises, la virtud, un tipo de conducta trenzada con cuatro fibras fundamentales: la prudencia, la justicia, la fortaleza y la templanza.

Tres siglos después de Homero, Sócrates hará de la bandera ética la razón de su vida: «No hago otra cosa que ir por todos lados y persuadir a jóvenes y viejos de que lo primero no es el cuidado del cuerpo ni el acumular riquezas, sino el cuidado y mejoramiento del alma por la virtud». Platón, el gran continuador de la herencia intelectual socrática, dibujará las cuatro líneas maestras de conducta en el mito del carro alado. Esa inolvidable alegoría del alma humana simboliza la nobleza y el esfuerzo en el caballo blanco; la pasión irracional y la necesidad de la templanza, en el corcel negro; y la razón prudente, en el auriga que lleva las riendas y consigue el equilibrio justo.

Aristóteles, en la estela socrática y platónica, culminó el edificio ético analizando a fondo las virtudes en la mencionada *Ética a Nicómaco*, obra cumbre y definitiva. En sus páginas dibuja una antropología poderosa, al tiempo que nos regala un exquisito tratado sobre la verdadera educación. Nuestro filósofo también piensa que la ética es condición necesaria de la democracia, y que debe brillar en las conductas de los votantes y de los votados. De lo contrario, esa forma de gobierno se corrompería.

El largo curso de la historia nos ha enseñado que la vitalidad de las virtudes —formas de resistencia y excelencia— permitió la supervivencia de Occidente a través de los siglos. Hoy, cuando los nuevos bárbaros no esperan al otro lado de las fronteras, sino que llevan gobernándonos desde hace tiempo, nuestra esperanza es la misma: que la gran tradición ética pueda sostener comunidades sanas en medio de las nuevas edades oscuras.

La felicidad

1. Toda acción humana busca siempre algún bien: el médico busca el bien de la salud; el soldado busca la victoria; el marino, la buena navegación; el comerciante, la riqueza...

2. En realidad vivir como hombre significa elegir un blanco —honor, gloria, riqueza, cultura— y apuntar hacia él con toda la conducta, pues no ordenar la vida a un fin es señal de gran necedad.

3. Casi todo el mundo llama felicidad al máximo bien que se puede conseguir,

pero nadie sabe exactamente en qué consiste ese máximo bien. Unos creen que es el placer, la riqueza o los honores. Otros piensan que es otra cosa. A menudo, la misma persona cambia de opinión y, cuando está enferma, piensa que la felicidad es la salud; si es pobre, la riqueza; si es inculta, la cultura.

4. Las tres opiniones más cualificadas son las que hacen consistir la felicidad en la prudencia, la virtud y el placer. También se admite que pueda ser consecuencia de las tres cosas, o de dos de ellas.

5. En cualquier caso, dado que la felicidad es lo mejor para el hombre, habría que averiguar qué significa ser hombre. Y, dado que lo propio y principal del hombre es la razón, la vida conforme a la razón será la más feliz.

6. Lo que está claro es que la felicidad no está en la diversión, y que solo hay felicidad donde hay virtud y esfuerzo serio, pues la vida no es un juego.

7. Nuestra naturaleza también necesita salud, alimento y otros cuidados, pero el que quiera ser feliz no necesitará esos bienes exteriores en gran número y calidad, pues con recursos moderados se puede practicar la virtud.

8. Personalmente estoy de acuerdo con quienes piensan que la felicidad consiste en la virtud, sin olvidar lo que decíamos antes: que necesitamos bienes materiales, pues es muy difícil hacer algo cuando se carece de recursos. Y entre esos recursos, los amigos y las riquezas.

9. Como esto no depende totalmente de nosotros, está claro que la felicidad

requiere cierta buena suerte. En este sentido, si algo es un don divino, más debe serlo la felicidad, puesto que es la mejor de las cosas humanas.

La amistad

10. La amistad es una virtud, va acompañada de virtud y es lo más necesario en la vida.

11. Además de necesaria, la amistad es también algo hermoso.

12. Sin amigos nadie querría vivir, aunque tuviera todo tipo de bienes.

13. Igual que los que se aman desean, por encima de todo, verse, lo que más buscan los amigos es la convivencia. De hecho, amistad es convivir y desear para el amigo lo mismo que para sí.

14. Igual que nos resulta agradable la sensación de vivir, nos resulta grata la vida de nuestros amigos, y por eso buscamos su compañía. Y aquello en lo que ponemos el atractivo de la vida es lo que deseamos compartir con ellos. Por eso, unos beben juntos, otros disfrutan con el mismo juego, o practican el mismo deporte, o salen de caza, o charlan sobre filosofía.

15. En la pobreza y en las demás desgracias se considera a los amigos como el único refugio. Los jóvenes los necesitan para evitar el error; los viejos, para sostener su debilidad. Los que están en plenitud de facultades, porque siempre la unión hace la fuerza.

16. Dice Eurípides que «cuando Dios da bienes, ¿qué necesidad hay de amigos?». Pero parece absurdo atribuir al hombre

feliz todos los bienes y no darle amigos, que parecen constituir el mayor de los bienes exteriores. Además, nadie querría poseer todas las cosas y estar solo, pues el hombre es animal social, y por naturaleza necesita convivir.

17. La amistad interesada parece darse sobre todo en los viejos, y en los hombres maduros y jóvenes, que buscan la propia conveniencia. Tales amigos no suelen convivir mucho, pues solo se estiman el uno al otro en la medida en que tienen esperanzas de beneficio.

18. La amistad entre los jóvenes suele tener por causa el sentimiento de agrado y las ganas de pasarlo bien. Eso es lo propio de la juventud, y por eso los jóvenes son amigos y dejan de serlo con facilidad, pues el sentimiento cambia fácilmente.

19. La amistad perfecta es la de los hombres buenos e iguales en virtud, porque estos quieren el uno para el otro lo auténticamente bueno. Como la virtud es estable, estas amistades también lo son, además de útiles y agradables. Es natural, sin embargo, que tales amistades sean raras, porque los hombres no suelen ser así. Además, requieren tiempo y trato, pues no es posible conocerse en poco tiempo, ni tampoco aceptarse mutuamente como amigos hasta que cada uno se ha mostrado al otro como digno de afecto y confianza.

20. Los que se apresuran a cambiar entre sí pruebas de amistad quieren, sin duda, ser amigos, pero no lo son aún, porque el deseo de amistad surge rápidamente, pero la amistad no.

21. Solamente la amistad entre hombres buenos está fuera del alcance de la calumnia, porque no es fácil creer lo que nadie diga sobre un amigo a quien uno mismo ha puesto a prueba durante mucho tiempo. Además, en los buenos se da la confianza mutua, y la imposibilidad de agraviarse, y todas las demás cosas que se consideran requisitos de la verdadera amistad. En cambio, en las otras amistades nada impide que surjan estos males.

22. La distancia no impide la amistad, sino su ejercicio. Pero si la ausencia se prolonga, también la amistad parece caer en olvido, y por eso se dice que la falta de trato deshace muchas amistades.

23. Es claro que ni los viejos ni las personas de carácter agrio se prestan a la

amistad, porque es poco el agrado que puede encontrarse en ellos, y nadie puede pasar mucho tiempo con una persona molesta o desagradable, pues la naturaleza aspira a lo agradable.

24. No es posible ser amigo de muchos con amistad perfecta, pues la intimidad requiere tiempo y es difícil. En cambio, por interés o por pasarlo bien es posible tener bastantes amigos, pues ambas condiciones las reúnen muchos y no requieren mucho tiempo.

25. Los poderosos suelen buscar amigos útiles y frívolos: útiles para hacer con habilidad lo que se les manda; frívolos para el placer. El hombre bueno no suele hacerse amigo del poderoso, a menos que el poderoso le aventaje también en virtud, y esto no es nada frecuente.

26. Las amistades mencionadas se apoyan en la igualdad: los amigos obtienen lo mismo el uno del otro, y quieren lo mismo el uno para el otro.

27. La importancia de la igualdad se pone de manifiesto cuando se produce entre los amigos una gran diferencia en virtud, vicio, prosperidad o cualquier otra cosa: entonces dejan de ser amigos, y ni siquiera aspiran a serlo. Por eso es tan difícil que un hombre normal sea amigo de un rey o de un sabio.

28. También hay amistades fundadas en la desigualdad, como la del padre hacia el hijo, la del mayor hacia el más joven, y la del gobernante hacia el gobernado. En estos casos no obtienen lo mismo el uno del otro, ni deben pretenderlo.

29. Preferimos ser queridos, pero la amistad consiste más en querer. Como las madres, que se complacen en querer sin pretender que su cariño sea correspondido. Por eso, los amigos que saben querer son seguros.

30. Los buenos amigos no hacen peticiones torpes ni se prestan servicios de esa clase. Más bien impiden la torpeza, pues es propio de los buenos no apartarse del bien, y no permitir que se aparten sus amigos.

31. ¿Debemos buscar el mayor número posible de amigos, o un término medio entre demasiados y ninguno? Desde el punto de vista de la utilidad, lo mejor es un término medio, porque corresponder a los servicios de muchos es trabajoso y quizá imposible. También para pasarlo bien son suficientes unos pocos, como

un poco de condimento en la comida. Si tenemos más amigos de los que necesitamos, resultarán molestos y embarazosos.

32. Por tanto, el número de amigos debe ser limitado y relativo: el mayor número con el que podamos convivir, ya que la convivencia parece condición necesaria de la amistad.

33. Está claro que no es posible dedicar tiempo a muchos. Tampoco es fácil identificarse con las alegrías y las penas de muchos, pues a veces hay que alegrarse con unos y entristecerse al mismo tiempo con otros.

34. Como no somos capaces de amar a muchas personas, no parece posible ser muy amigo de muchos. De hecho, una gran amistad solo es posible con pocos. Y

los que tienen muchos amigos y los tratan familiarmente dan la impresión de no ser amigos de nadie, y de obrar así por buena educación. Por cortesía y buen carácter se puede llegar a tener muchos amigos, pero no muchos íntimos. Tener amigos íntimos es, además, una suerte que no todos tienen.

35. ¿Necesitamos más a los amigos en la prosperidad o en la desgracia? En ambas situaciones los buscamos: para pedir ayuda o para compartir la alegría. Pero es más necesaria la amistad en el infortunio, y más noble en la prosperidad.

36. Nadie desea entristecer a los amigos con las propias desgracias. Por eso los hombres fuertes procuran evitar que sus amigos tomen parte en sus penas, y no admiten compañeros de duelo. En

cambio, las mujeres y los hombres que se parecen a ellas se gozan en tener quienes se lamenten con ellos, y los quieren como amigos por ser partícipes de su dolor.

37. La presencia de los amigos es grata tanto en los buenos momentos como en los malos. El amigo consuela con la presencia y también con la palabra oportuna.

38. Estar con amigos en los momentos buenos supone disfrutar juntos y tener conciencia de que ellos se alegran con nuestra alegría. Por eso parece que deberíamos invitarlos en esas ocasiones, y evitar en lo posible que participen en nuestras desgracias, porque los males se deben compartir lo menos posible. Sí debemos acudir a ellos cuando, a costa

de una pequeña molestia suya, pueden hacernos un gran favor.

39. Por nuestra parte, deberemos acudir en su ayuda de buena gana, antes de que nos llamen. Eso será grato para ambos y más noble. Participaremos con gusto en sus alegrías, pues también en ellas se necesita a los amigos. Y seremos lentos en aceptar favores, porque no es noble estar ansioso de beneficios. Cuidaremos, sin embargo, no caer en el extremo de rechazarlos con displicencia y por sistema, como algunas veces ocurre.

40. El hombre íntegro hace muchas cosas en favor de sus amigos y de su patria, hasta dar la vida si es preciso.

La virtud

41. La virtud es el mayor de los bienes humanos.

42. Toda virtud es un hábito, una costumbre que se adquiere mediante la reiteración de actos semejantes. Es lo que sucede con cualquier aprendizaje: para dominar un instrumento musical hay que practicar, y para ser constructor hay que construir. Del mismo modo, nos hacemos justos practicando la justicia. Y si nos ejercitamos en la fortaleza y la templanza, seremos templados y fuertes.

43. De ahí la importancia de repetir actos buenos. Por consiguiente, adquirir

desde jóvenes tales o cuales hábitos no tiene poca importancia, ni siquiera mucha: tiene una importancia absoluta.

44. Para ser bueno no basta querer. Tampoco basta saber. Si no se realizan muchos actos buenos, nadie tiene la menor probabilidad de llegar a ser bueno.

45. En toda acción puede haber exceso, defecto y término medio, al menos respecto al que actúa. La virtud ética se refiere a determinados términos medios.

46. Los placeres y los dolores influyen mucho en los hábitos, pues somos capaces de hacer cosas malas si son placenteras, y nos apartamos del bien cuando nos causa dolor. De ahí la necesidad de haber sido educados desde jóvenes —como recomienda Platón— para distinguir qué placeres y dolores conviene

aceptar o rechazar. En realidad, esa es la auténtica educación.

47. Para apartarnos de los extremos debemos estar en guardia frente a lo agradable y placentero, porque no lo juzgamos con imparcialidad. Respecto al placer hemos de sentir lo que sintieron los ancianos troyanos respecto a Helena: «Se parece a las diosas, mas por bella que sea debe volver a Grecia y no quedarse para ruina nuestra y de nuestros hijos».

48. La virtud tiene que ver con acciones y pasiones, en las que el exceso y el defecto se equivocan, y el término medio acierta. Entre comer demasiado y apenas comer hay un término medio, pero no el mismo para todos sino relativo a cada persona: un deportista no debe comer lo mismo que un recién nacido. Por

tanto, cada uno tiene su propio término medio. Por eso se ha dicho que «hay una manera de ser bueno, y muchas de ser malo».

49. Término medio no significa mediocridad, sino lo contrario: excelencia y superioridad sobre dos vicios extremos.

50. No todas las acciones y pasiones admiten el término medio, pues hay algunas malas de por sí. Por ejemplo, pasiones como el odio o la envidia, y acciones como el adulterio, el robo o el homicidio. Todas ellas son malas en sí mismas, precisamente porque son excesos o defectos, y por ello son siempre equivocadas y nunca buenas.

51. Hallar el término medio no es fácil. Por eso tampoco es fácil ser bueno. En

cambio, irritarse está al alcance de cualquiera, y también gastar dinero, pero gastarlo cuando se debe y donde se debe ya no está al alcance de todos ni es cosa fácil. Por eso el bien es raro, laudable y hermoso. Y el que se propone encontrar el término medio debe en primer lugar apartarse de los extremos contrarios, como aconseja la ninfa Calipso a Ulises: «De este vapor y de esta espuma mantén alejada la nave».

52. Respecto a la ira, por ejemplo, es virtuoso el que se irrita cuando debe, con quien debe y como debe. Pues el que parece incapaz de irritarse es tenido por necio. Sin embargo, no es nada fácil determinar cómo, con quiénes, por qué motivos y por cuánto tiempo debemos irritarnos, ni hasta dónde es razonable hacerlo.

53. Lo que está claro es que la posición intermedia es la mejor, y que los excesos y defectos son reprensibles.

La responsabilidad moral

54. Por nuestras acciones voluntarias merecemos alabanzas o reproches. Por las involuntarias, indulgencia o compasión. El legislador debe tener esto en cuenta a la hora de recompensar o castigar una conducta.

55. A veces no es fácil saber qué cosas se deben preferir sobre otras, porque las cuestiones y situaciones particulares son diversísimas. Pero eso no autoriza a pensar que lo que más nos gusta nos resulta forzoso. Sería como echar la culpa de lo que hacemos a lo que está fuera de nosotros, y no a nosotros mismos, que tan

fácilmente nos dejamos arrastrar. Las mismas pasiones no por irracionales son menos humanas. Por eso, dejarse llevar por la ira o por el deseo de placer es propio del hombre, y es ridículo considerar involuntaria tal conducta.

56. La voluntariedad está en las obras, pero también en las intenciones. Por eso debemos aborrecer ciertas cosas y desear otras, como la salud y la educación.

57. Toda acción razonable debe ir precedida por la deliberación. La deliberación se da respecto a las acciones cuyo resultado no es claro. Y si son cuestiones importantes pedimos consejo y desconfiamos de nosotros mismos.

58. El objeto de la voluntad debe ser el bien, pero cada uno toma como bien lo que

le aparece como tal: el hombre bueno toma como bien lo que de verdad lo es, y el hombre malo toma como bien cualquier cosa.

59. Si lo propio del hombre es obrar voluntariamente después de deliberar, es claro que tanto la virtud como el vicio van a depender de nosotros. En efecto, siempre que está en nuestro poder el hacer, lo está también el no hacer, y siempre que está en nuestro poder el no, lo está el sí. Por tanto, la posibilidad de hacer lo bueno y lo malo nos da también la posibilidad de ser virtuosos o viciosos.

60. Cada hombre es responsable de sus acciones voluntarias, y es evidente que la virtud y el vicio están entre las cosas voluntarias, pues no hay ninguna necesidad de cometer acciones malas. Por esto, el vicio es censurable, y la virtud, elogiable.

61. Decir que nadie es malo voluntariamente es una verdad a medias. Cualquier persona sabe que la maldad es voluntaria, y los legisladores así lo aceptan cuando penalizan a los que van contra la ley sin haber sido obligados y sin ignorancia responsable.

62. No depende de nosotros sentir calor o frío, pero sí dependen nuestros actos libres. Incluso la ignorancia puede castigarse si el delincuente parece culpable de ella. Por eso a los embriagados se les impone doble castigo, pues eran muy dueños de no embriagarse. También se castiga a los que desconocen leyes que debían conocer. Y, en general, a todos los que ignoran algo por negligencia.

63. Hay hombres tan echados a perder que no parecen responsables de sus

actos. Pero no es así, porque ellos mismos han sido causantes de su modo de ser por la dejadez con que han vivido. Uno es injusto o depravado a base de cometer injusticias o de pasarse la vida bebiendo y en cosas semejantes. Esto es evidente en los que se entrenan para cualquier competición o actividad. Por eso, si alguien desconoce que la práctica de unas cosas u otras es lo que produce los hábitos, es un perfecto estúpido.

64. Además, es absurdo decir que el injusto no quiere ser injusto, y que el que se desmadra no quiere desmadrarse. Porque si alguien comete de forma consciente acciones injustas, será injusto voluntariamente. Con el agravante de que no por querer dejar de ser injusto se volverá justo, como tampoco el enfermo, sano. El injusto y el desmadrado

podían no haber llegado a lo que ahora son, y por eso lo son voluntariamente; pero una vez que ya son así, no está en su mano cambiar de forma de ser.

El placer: control y descontrol

65. Todos reconocen que el dolor es un mal. Y lo que se opone al dolor es el placer. Por eso, aunque puede haber placeres malos, todos incluyen el placer en la trama de la felicidad.

66. Unos dicen que el bien es el placer, y otros, por el contrario, lo consideran vil, pues esclaviza a la mayor parte de los hombres.

67. Eudoxo pensaba que el placer es el bien supremo, porque todos los seres

aspiran a él, tanto los racionales como los irracionales. Además, no se desea con un fin ulterior: nadie se pregunta con qué fin goza, y ahí se manifiesta que el placer es elegible por sí mismo.

68. Sin embargo, hay placeres que derivan de actividades nobles, y otros de vergonzoso origen.

69. Los placeres son malos cuando hacen al hombre brutal o vicioso. Ese peligro es mayor en la juventud, porque el crecimiento pone en ebullición la sensibilidad, y en algunos casos produce la tortura de los deseos violentos.

70. También muchas de las cosas por las que merece la pena luchar no son placenteras. Por tanto, ni el placer se identifica con el bien, ni todo placer se debe apetecer.

71. Cada actividad es intensificada por el placer correspondiente, y por eso sabe más el que se ejercita en algo con placer. Por ejemplo, son mejores científicos los que disfrutan con la ciencia, y lo mismo ocurre con los artistas, los arquitectos, etc.

72. No hay nada que nos sea siempre agradable, porque nuestra naturaleza no es simple ni perfecta. Si la naturaleza de alguno fuera simple, la actividad más agradable para él sería siempre la misma.

73. Las acciones humanas pueden ser nobles, vergonzosas o indiferentes, y lo mismo ocurre con los placeres correspondientes. Pero valoramos los mismos placeres de forma muy diferente, pues las cosas que agradan a unos molestan a otros. En tal caso, la valoración correcta

ha de ser la del hombre bueno, y si lo que le parece molesto resulta agradable a alguno, ello no es de extrañar pues en los hombres hay muchas corrupciones y vicios.

74. Para cada hombre hay bellezas y placeres diferentes, y seguramente en lo que más se distingue el hombre bueno es en juzgar correctamente todas las cosas, siendo así como el canon y la medida de ellas. En cambio, el error de la mayoría parece debido al placer, pues sin ser un bien lo parece, y por eso eligen el placer como si fuera un bien y rehúyen el dolor como un mal.

75. Si los poderosos, por no haber gustado nunca un placer puro y libre, se entregan a los del cuerpo, no se ha de pensar por ello que estos son preferibles:

también los niños creen que lo que a ellos les gusta es lo mejor. Y si las cosas valiosas no son las mismas para los niños y para los hombres, es lógico que tampoco lo sean para los buenos y para los malos. Pero el juicio recto sobre el bien y el mal ya hemos dicho que corresponde al hombre virtuoso.

76. Llamamos templanza al término medio respecto a los placeres. Pero conviene precisar que se refiere solo a algunos placeres corporales. En concreto, al tacto y al gusto respecto a la comida, la bebida y los placeres sexuales.

77. Por tanto, el más común de todos los sentidos, el que poseen todos los animales, es el que origina la falta de templanza. Una falta que se censura con razón, porque se da en nosotros no por lo que

tenemos de hombres sino de animales. Así pues, complacerse en estas cosas y buscarlas por encima de todo es propio de bestias. Y si alguien viviera solo para los placeres del alimento y del sexo, sería absolutamente servil, pues para él no habría ninguna diferencia entre haber nacido bestia u hombre.

78. La falta de templanza consiste en buscar el placer donde no se debe, o como no se debe. Es evidente que el exceso en los placeres conduce al desenfreno y es censurable.

79. Llamamos incontinente al hombre que obra de acuerdo con sus apetitos y contrariamente a la razón. Pero en su conducta no desaparece el dolor, pues, aunque se alegra de obtener lo que desea, siente el malestar de saber que obra mal.

80. El hombre moderado es el término medio entre ambos extremos, pues no se complace en la depravación, sino que le disgusta. La moderación no busca lo que no debe, y no hace nada en exceso. Cuando faltan los placeres, el hombre templado tampoco se aflige demasiado. Desea moderadamente y como es debido lo agradable y lo saludable, y siempre se deja guiar por la recta razón.

81. La palabra templanza es muy apropiada, pues hay que templar o frenar todo lo que aspire a cosas feas y pueda desarrollarse mucho. Esa tendencia es propia de los apetitos, y también de los niños, porque los niños viven según sus apetitos, y en ellos se da por encima de todo el deseo de lo agradable. Un deseo que, si no se encauza y somete a la autoridad, llegará demasiado lejos, pues el deseo de

lo placentero es insaciable, y alimentarlo significa reforzar la tendencia congénita hasta arrinconar el raciocinio.

82. Por eso, los apetitos deben ser moderados, pocos, y siempre obedientes a la razón. Eso es lo que significa estar encauzados y refrenados. Y lo mismo que el niño debe vivir de acuerdo con la dirección del preceptor, así los apetitos de acuerdo con la razón.

Actitud ante las riquezas

83. Hablemos a continuación de la generosidad. Parece consistir en el término medio respecto a las riquezas, pues el generoso no es alabado por su valor, por su templanza o por su prudencia, sino por el modo de dar y tomar riquezas, sobre todo de dar.

84. Los generosos son quizá los hombres más amados entre los que lo son por su virtud, porque la virtud de dar también les hace útiles. El que da a quien no debe o lo hace por interés no es generoso. Tampoco el que da con dolor, pues prefiere su dinero a la acción hermosa.

El generoso no da a cualquiera, sino a quien debe y cuando debe. También es propio del generoso excederse en dar, hasta dejar poco para sí mismo, pues el generoso se olvida de sí.

85. La generosidad guarda relación con la fortuna, pues no consiste en la cantidad de lo que se da, sino en la disposición del que da. Nada impide, por tanto, que sea más generoso el que da menos, si su fortuna es menor. El hombre generoso es el más fácil de tratar en cuestiones económicas, pues se le puede perjudicar, ya que no hace demasiado aprecio al dinero.

86. Otra virtud relativa a las riquezas es la magnificencia. A diferencia de la generosidad, no se extiende a todas las acciones que tratan de dinero, sino únicamente a

las grandes sumas. Por eso, el espléndido es generoso, pero el generoso no por ello es espléndido. Tampoco un pobre puede ser espléndido, y si lo intenta es un insensato, pues carece de recursos.

87. La magnanimidad, como su nombre indica, tiene por objeto cosas grandes. Se considera magnánimo al que tiene grandes pretensiones y es digno de ellas, pues si carece de condiciones es necio y vanidoso. En cambio, si se juzga inferior a lo que puede, es pusilánime. El que solo es capaz de cosas pequeñas y las pretende es modesto, pero no magnánimo: la magnanimidad implica grandeza.

88. La magnanimidad es el mejor modo de ser, y acompaña a todas las virtudes. El magnánimo solo se interesa de verdad por pocas cosas é importantes. Y se

preocupa más de la opinión del hombre bueno que de la opinión de la multitud. No se inquieta por la vida y las riquezas. Le aflige ser gobernado por una persona indigna. Y su mayor alegría es alcanzar el honor.

89. El magnánimo hace favores y responde a ellos con otros mayores. No suele necesitar nada, pero está muy dispuesto a prestar servicios. Suele ser altivo con los que gozan de elevada posición, y mesurado con los humildes. Habla y actúa con franqueza. Sus simpatías y antipatías son manifiestas, porque ocultarlas es propio del miedoso y del que pone la opinión ajena por encima de la verdad. No es adulador, porque esa actitud es servil. Tampoco es propenso a la admiración, porque nada es grande para él. Ni rencoroso, pues no guarda memoria

de los agravios. Le tiene sin cuidado que le alaben o le critiquen, y tampoco él alaba o critica.

Valentía, justicia y prudencia

90. Es valiente el que soporta y teme lo que debe, cuando debe y como debe, y el que confía del mismo modo. Es decir, el valiente actúa y sufre por lo que merece la pena, guiado siempre por la razón. Sería un loco el que no temiera nada, ni al terremoto ni a las olas, como dicen los celtas. Si lo que tiene es exceso de confianza ante el peligro, entonces es temerario. Es cobarde el que se excede en el temor y teme lo que no debe y como no debe. El cobarde lo teme todo y es descorazonado. El valiente, en cambio, es osado.

91. El cobarde, el valiente y el temerario se enfrentan a las mismas cosas, pero se comportan de distinto modo ante ellas. Los temerarios se lanzan de cabeza al peligro y retroceden cuando lo tienen encima. En cambio, los valientes mantienen la calma antes del peligro y resisten cuando llega.

92. Llamamos valiente al que soporta cosas penosas, y con razón le alabamos, pues es más difícil aguantar el dolor que apartarse del placer.

93. Es justo el que cumple las leyes. Y como las leyes buscan el bien común, la justicia parece la más perfecta de las virtudes, porque se ejerce en favor de los demás. «Ni el atardecer ni la aurora son tan maravillosos como ella», escribió Eurípides.

94. Reina la justicia donde reina la ley. Gracias a la ley no nos gobierna un ser humano sino la razón, pues un gobernante sin leyes gobernaría en su propio interés y se convertiría en tirano. El gobernante es guardián de la justicia y, por lo tanto, de la igualdad ante la ley.

95. La justicia puede ser natural y legal. La natural es inmutable, porque lo que es por naturaleza no cambia y tiene en todas partes la misma fuerza, lo mismo que el fuego quema tanto aquí como en Persia. En cambio, la justicia legal es variable, porque se funda en la utilidad y en el acuerdo, parecida a las medidas de vino y trigo, que no son iguales en todas partes.

96. Los hombres piensan que para conocer lo que es justo y lo que es injusto no

se requiere sabiduría, porque ya lo dicen las leyes. Pero las leyes son generales, mientras que las acciones son concretas. Todo el mundo sabe lo que es amputar, pero saber hacerlo para curar a un enfermo es tan difícil como ser médico.

97. Es malo sufrir la injusticia, pero es peor cometerla. Ser injusto es un vicio censurable, pero padecer la injusticia no significa ser injusto ni vicioso.

98. Parece propio del hombre prudente discurrir bien sobre lo que le es bueno y conveniente. El prudente es hombre reflexivo. Pero nadie reflexiona sobre lo que no puede ser de otra manera, ni sobre lo que no puede hacer. Por tanto, la prudencia no es ciencia ni arte, sino una disposición racional, verdadera y práctica sobre lo que es bueno para el hombre.

99. Por eso pensamos que Pericles y los que son como él son prudentes, porque pueden ver lo que es bueno para ellos y para los demás; y pensamos que esta cualidad es propia de los administradores y de los políticos.

100. El placer y el dolor no influyen sobre conocimientos teóricos, del estilo «los ángulos del triángulo suman dos rectos». En cambio, pueden destruir el juicio práctico. En efecto, el hombre corrompido por el placer o el dolor pierde la percepción clara del sentido de su conducta, y no ve la necesidad de elegir y obrar según otros criterios, pues el vicio anula los demás criterios. Por eso damos a la templanza el nombre de *sofrosyne*, que significa salvaguarda de la prudencia o *frónesis*.

101. La verdad no necesita cambiar, pero la prudencia cambia constantemente, pues se refiere a lo conveniente en cada caso y para cada uno.

102. No es fácil la prudencia. De hecho, los jóvenes pueden ser sabios, pero no prudentes, porque la prudencia es el dominio de lo particular, al que solo se llega por la experiencia. Y el joven no tiene experiencia, porque esta se adquiere con la edad.

103. La deliberación prudente ha de ser recta. Los malvados, para lograr lo que se proponen, razonan correctamente, pero por hacerlo al servicio del mal no decimos que su deliberación sea recta. Tampoco es recta la deliberación que nos lleva a un fin bueno por un camino malo.

104. Ser inteligente no es lo mismo que ser prudente. La inteligencia se aplica, igual que la prudencia, a problemas que exigen deliberación, y llega a proponer soluciones. Pero la prudencia va más allá: es normativa, es decir, ordena hacer o no hacer algo.

Función educativa de las leyes

105. Si los razonamientos bastaran para hacer buenos a los hombres, los compraríamos a cualquier precio. Pero no es así. De hecho, sirven para estimular a los jóvenes idealistas y a las personas nobles; en cambio, resultan ineficaces para corregir la conducta de la mayoría, que no se aparta del mal por vergüenza sino por temor a la ley. Porque la mayor parte de los hombres viven a merced de sus pasiones, buscan los placeres, huyen de los dolores y no tienen ni idea de lo que es verdaderamente hermoso y agradable, pues no lo han probado nunca.

106. No es nada fácil desarraigar con razones lo que está arraigado con hábitos en el carácter.

107. Un particular no puede obligar a los demás, y se hace odioso si lo intenta. En cambio, la ley es buena porque puede obligar, y porque refleja cierta prudencia e inteligencia. Por eso es evidente que la sociedad necesita leyes, y leyes buenas si quiere funcionar bien.

108. Pero la mejor educación se logra en el seno de la familia, gracias a la palabra y a las costumbres del padre, porque los hijos aman a sus padres y les obedecen por naturaleza. Además, la familia educa mejor que el Estado porque conoce personalmente a cada uno de sus miembros, y sabe lo que más le conviene, como el médico o el entrenador que proponen diferentes remedios y planes de entrenamiento.

109. El razonamiento y la instrucción mejoran a los hombres cuando la conducta ha sido previamente abonada por los hábitos, como tierra destinada a la siembra, para querer lo que se debe querer y rechazar lo que se debe rechazar. Porque quien sigue a sus pasiones no sigue a su razón, y ni siquiera la comprende.

110. La vida templada y firme no es agradable al vulgo, y menos a los jóvenes. Por eso es preciso que la educación y las costumbres estén reguladas por leyes, pues lo que se hace habitual deja de ser penoso. Y no basta la buena conducta durante la juventud: es preciso mantenerla en la madurez. También entonces necesitamos leyes, y durante toda la vida, porque los hombres obedecen mejor con órdenes y castigos que con razones y bondad.

111. Por eso se piensa que los gobernantes deben animar a los que ya obran bien. En cambio, deben corregir y castigar a los que no cumplen las leyes, y desterrar a los delincuentes incorregibles.

Tres perlas escogidas

112. Soy amigo de Platón, pero soy más amigo de la verdad.

113. Proponer al hombre metas exclusivamente humanas es desconocer al hombre.

114. No hay viento favorable para el marino que no sabe a qué puerto se dirige.

Próximos títulos

San Agustín en tu camino

Chesterton en tu camino

Marco Aurelio en tu camino

Padre Pio en tu camino

Confucio en tu camino

*Este libro se terminó
de editar en Madrid
el 26 de febrero de 2024,
San Alejandro*